STRADA AL SUCCESSO FINANZIARIO

STRADA AL SUCCESSO FINANZIARIO

 STRADA AL SUCCESSO FINANZIARIO

 STRADA AL SUCCESSO FINANZIARIO

CONTENUTI

Preludio

Iniziamo...

I 5 principi per sbloccare la ricchezza

Non può mai succedere?

Inseguendo la ricchezza

Ti è successo questo?

La scala per il successo

Formula per il successo

I passaggi di base

Passi per la ricchezza personale

Raggiungere il suo obiettivo

Le chiavi del successo

Il potere dei pensieri

Fattori che causano inerzia

Il fattore di rischio

Cosa evitare

Gli inevitabili errori

La legge del successo

È ora di imparare chi sei

La necessità di un cambiamento

Comprendi il fallimento

L'obiettivo finale

Preparando la strada per il successo

La legge della prosperità

il potere delle parole

Il potere dell'amore incondizionato

Sentimenti finali

Preludio

Questo libro è progettato per soddisfare le esigenze delle persone che vogliono raggiungere livelli più alti implementando concetti molto semplici ma potenti che hanno il potenziale per cambiare completamente la loro vita.

Non intende essere un libro basato sulla ricerca ipotetica o un trattato filosofico, ma piuttosto un libro che scopre informazioni che porteranno un incentivo duraturo che ci permetterà di liberare le risorse interne della forza e delle dinamiche della volontà.

In realtà, è una raccolta di fatti presentati in un inglese semplice e profano che contiene informazioni che porteranno immensa gioia e successo nella tua vita.

Comprende verità profonde e dinamiche trasmesse in poche parole potenti che accendono un rinnovato senso di consapevolezza delle nostre illimitate risorse interne latenti in attesa di esplodere all'aperto. Include espressioni pratiche che hanno il potenziale per portare successo, salute, benessere e felicità duratura.

Iniziamo...

Uno dei punti più difficili da riconciliare nella vita è il paradosso che la sofferenza esiste in questo mondo. La sofferenza è eminente.

Naturalmente, ciò che è altrettanto importante è la consapevolezza che l'acquisizione e il possesso della ricchezza non è un sovrano che misura la propria felicità. Se la gioia fosse davvero trovata nei materiali, allora tutti coloro che sperimentano la loro "emozione" a contatto con l'oggetto osserverebbero la stessa misura di gioia.

Nella vita, gli uomini sono continuamente motivati da due inevitabili impulsi di repulsione: dal dolore e dal desiderio alla ricerca della gioia e della realizzazione assoluta. Alla ricerca della felicità, è costretto a correre dietro al piacevole e al piacevole, mentre di fronte al contrario, evita oggetti indesiderati e ambienti spiacevoli.

Il fatto è questo: nel corso della storia, tutti coloro che hanno raggiunto il successo consciamente o inconsciamente hanno usato cinque principi, che sono comuni al progresso assoluto in tutti gli aspetti della vita.

I 5 principi per sbloccare la ricchezza

Questi principi sono la chiave per sbloccare l'incredibile riserva di ricchezza, abbondanza e successo. Sono tutti focalizzati sulle nostre vere qualità innate, che in realtà sono universali e basate spiritualmente. Questi principi sono:

- La verità
- giustizia
- Pace
- Amore
- Nonviolenza

La pratica di queste virtù consentirà a chiunque di progredire nella vita senza alcun dubbio.

Il motivo è semplice

Questi principi universali sono tutti attraenti e, naturalmente, sono i cardini del codice etico. Non puoi sbagliare praticando l'importanza dei valori morali, dei codici di condotta e obbedendo alla Legge della Natura nella tua ricerca di ricchezza.

Nelle pagine seguenti scoprirai l'obiettivo di raggiungere la libertà finanziaria e allo stesso tempo acquisire l'arte della felicità perfetta attraverso la comprensione che la misura della gioia non è "direttamente" proporzionale alla ricchezza monetaria equa.

Questo manoscritto conciso, preciso e diretto al punto esplora strade che sicuramente cambieranno la tua vita in meglio.

A differenza di molti altri libri sullo stesso argomento, questo manoscritto approfondisce le aree tematiche relative agli aspetti della tua vita personale e della crescita che posso garantire ti riporteranno quel sorriso in faccia. È un libro chiaro, mirato e soprattutto leggibile che ti piacerà.

Non può mai succedere?

Mentre il pessimismo ci avverte dei pericoli che si nascondono davanti ai nostri occhi, l'ottimismo può portarci a una falsa sicurezza. Il pessimismo dovrebbe essere considerato solo iniziale e non una situazione finale in qualsiasi situazione: questo è il primo passo verso il successo.

Di volta in volta, siamo stati soggetti a casi che disturbano e nel profondo di noi stessi ci rendiamo conto dei potenziali pericoli e rischi che ci circondano e la voce rifiuta categoricamente questa situazione minacciosa che ci pone di fronte, come tale, Poiché non riconosciamo questa voce, il nostro aggrapparsi mentalmente al mondo esterno ci allontana dalla voce interiore della **VERITÀ**, che ci porta totalmente fuori dai binari per così dire.

Il secondo passo verso il successo e la ricchezza è convincere te stesso dell'importanza dell'autocontrollo, dell'autocoscienza e dell'autodisciplina.

Dobbiamo ascoltare la voce interiore e prendere coscienza dell'esistenza della forza innata o della Volontà Dinamica - il potere potente che esprime attraverso la mente, il corpo e l'intelletto! Pertanto, il secondo passo consente di sviluppare la fede non solo in ciò che è possibile fare e raggiungere, ma soprattutto nello sviluppo della fede stessa (le sue qualità innate, intrinseche e latenti).

Il terzo passo richiede che attraverso la costante vigilanza, impiegando il potere dell'intelligenza, dell'analisi personale e dell'introspezione, e attraverso la comprensione e l'uso attento di questi concetti, puoi imparare a vivere oltre le esigenze della mente in qualunque ambiente ti trovi - questo ti qualificherà per attuare e abbracciare il percorso verso la ricchezza.

Non esiste un pranzo gratis. Se odi fare qualsiasi lavoro / sforzo ma ami avere successo, dovrai riconsiderare le tue opinioni.

Quindi, per raggiungere il secondo, devi fare il primo e l'idea sensata è scoprire cosa ci piace davvero e poi scoprire se è possibile guadagnare da esso.

"Se non inizi, non avrai successo."

Inseguendo la ricchezza

L'affermazione "la fretta rende inutili anche oggi, e la maggior parte delle volte, alcuni di noi tendono a sentirsi frustrati quando non riusciamo a essere all'altezza dei nostri ideali e degli standard che ci poniamo continuamente".

Altre volte, potremmo sentire che se avessimo accettato la sfida che ci era stata presentata, forse le cose sarebbero cambiate in meglio, ma c'è anche la possibilità che nella nostra eccessiva ansia di raggiungere l'obiettivo, ci sforziamo troppo e bruciamo completamente.

Ti è successo questo?

La domanda che resta da porsi è: come iniziare, come raggiungere il successo nella vita?

Bene, amico mio, state certi che questo libro è stato scritto per rispondere in modo soddisfacente a questa domanda, eliminando ogni confusione o anomalia.

Ci sono molte strategie che si possono utilizzare e vari mezzi attraverso i quali si può arare per raggiungere l'obiettivo. Un tratto comune in tutti loro è la fiducia in se stessi, l'autosufficienza o l'onestà e la vita etica (in parole, azioni, pensieri e azioni) che riguardano il loro stile di vita - questo è il quarto passo.

In qualsiasi attività commerciale, l'accento posto sugli standard morali ed etici è il massimo, e questo non deve essere ignorato o trascurato.

L'unico modo per raggiungere l'equanimità, l'equilibrio o l'equilibrio, anche dopo essere diventato l'individuo più ricco, è avere il senso di realizzare la vera essenza della vita.

Niente nella vita è costante. La vita è in continua evoluzione e le cose che sembrano esistere oggi potrebbero smettere di esistere domani e questo è un fatto che tu e tutti gli altri dovete imparare ad accettare.

Passo cinque, quando scopri qualcosa di profondo e bello, la tendenza naturale è quella di condividerlo con gli altri.

Nei capitoli seguenti ciò che scoprirai sono i veri modi per raggiungere il completo successo, e questo è un libro che ti permetterà di liberare le tue innate qualità in primo piano, permettendoti così di raccogliere i benefici e i premi che migliaia di persone in tutto il mondo in proprio in questo momento si stanno godendo perché sono diventati ricchi.

Seguendo la guida nelle pagine seguenti, credo sinceramente che ogni persona abbia il potenziale per avere successo nella vita.

"La ricchezza non è solo denaro."

La scala per il successo

È un privilegio dell'uomo raggiungere la grandezza totale, e in realtà il successo deve essere un'abitudine di tutti. L'uomo è essenzialmente perfetto, e quindi infinite sono le possibilità che giacciono dormienti in lui.

Per ottenere il meglio da noi stessi, una vita organizzata e perfettamente disciplinata per scoprire il potenziale che ci riserva è una vita ben spesa.

Il punto vitale non è quanti talenti ognuno di noi ha, ma l'importanza dovrebbe concentrarsi su quanti dei nostri talenti, attributi e capacità esistenti siamo pronti a sviluppare, sfruttare, esplorare e implementare nella nostra vita quotidiana.

La domanda da porsi è se stai facendo un uso pratico di almeno un grande talento inerente a te. L'unico principio fondamentale supremo è capire che tutto il nostro successo dipende interamente da noi stessi.

Il modo migliore per essere felici è fare le cose che ami naturalmente e divertirti a fare - qualcosa che ami assolutamente! Allo stesso modo, il modo migliore per avere successo e diventare ricchi è assicurarsi di ottenere le cose che hai sinceramente desiderato nella vita. Ciò richiederà di impegnare le proprie attività in attività che consentano di misurare il successo.

Ad esempio, il modo più semplice per spiegarlo è quello di considerare il seguente esempio: se ti piacciono l'arte, la pittura e il disegno, allora il modo di procedere è cercare una guida su come partecipare a concorsi e su come Presenta le tue opere attraverso le gallerie (avvicinati direttamente alle gallerie e lascia le tue opere in vendita o in cambio) o attraverso gli editori d'arte o mostra il tuo talento partecipando a fiere stagionali dove troverai tutti i tipi di rivenditori.

Potresti voler aggiungere diversi tipi di temi al tuo portfolio artistico al fine di massimizzare le tue capacità per raggiungere un vasto pubblico con interessi in temi / temi diversi.

Contatta gruppi, forum e persino newsgroup su Internet ed esplora altri viali (come fotografi, gallerie fotografiche e cornici, consigli d'arte e organizzazioni governative che forniscono aiuto, compresi prestiti, ecc.) Che ti permetteranno di intensificare la tua ricerca l'idea è di perseguire l'obiettivo incessantemente e con un atteggiamento positivo.

Quando si tratta del tuo argomento/argomento, pubblica domande, sondaggi, sondaggi e determina cosa le persone stanno cercando, quindi trova solo la necessità e riempila.

Ogni piccolo dettaglio aiuterà, ma è la forza necessaria per dare il via allo slancio, e questo è il punto chiave. Un altro punto utile non è semplicemente provare, provare e continuare a provare, ma sviluppare un atteggiamento in cui fai ciò che hai deciso di fare, attuare e applicare le strategie mostrate in questo libro.

Infine, non limitarti a questo: mantieni la fede e non arrenderti alla sconfitta. Una volta che hai deciso di attuare il "piano", assicurati che rimanga acceso e luminoso ... rifiuti e delusioni non dovrebbero in alcun modo ridurre la tua speranza, i tuoi progressi e il tuo desiderio di successo. Le persone che hanno avuto successo nonostante tutte le difficoltà, il dolore e la lotta hanno ispirato innumerevoli milioni di persone in tutto il mondo - è tempo che anche tu sia un esempio per gli altri di seguire le tue orme.

Devi ricordare che i metodi impiegati da individui diversi per ottenere ricchezza possono essere diversi, ma l'obiettivo è comune a tutti, e i passaggi sopra menzionati sono davvero i tuoi strumenti per il tuo successo complessivo.

Ci vuole una forza di volontà molto forte per svilupparsi internamente e la necessità di due attributi molto importanti, vale a dire il coraggio e la fiducia, sono ingredienti essenziali. Pertanto, la povertà e la prosperità non dipendono necessariamente dalla conoscenza nella sua interezza (ad esempio, acume degli affari, strategie di marketing, ecc.), Ma certamente dipendono dalle tre C e sono carattere, creatività e coscienza.

Solo il coraggio e la fiducia possono produrre una trasformazione unica, mentre il contrario porterà solo molto dolore e disperazione in tempi di angoscia e crisi. Tuttavia, nonostante i problemi della vita, dobbiamo resistere agli ostacoli e agli ostacoli e, come tali, ricordarci costantemente del potere supremo innato o innato che tutti possediamo e che tutti possiamo sviluppare con successo attraverso il discernimento spirituale. Pertanto, ignorare le nostre capacità e potenzialità per sviluppare il potere personale di cui abbiamo bisogno per attraversare esperienze che distruggono l'ego richiede immensa forza e disciplina, e in questo libro ti spiego come puoi realizzare tutto questo qui e ora.

Senza queste qualità sei destinato a fallire, ed è per questo che gran parte della gente si sente scoraggiata perché è entrata in competizione o ha semplicemente rinunciato alla pressione, per mancanza di incoraggiamento di sé e forza di volontà dinamica.

Quando le nostre fantasie e aspettative non vengono soddisfatte, c'è la tendenza per noi a tornare ai nostri vecchi modi: il vuoto che sperimentiamo può essere molto sconvolgente e non possiamo ignorarlo per sempre. Molte volte ciò che accade esattamente è che qualunque cosa facciamo nella vita non significa che continueremo. Questo non perché è necessaria una disciplina impossibile, ma poiché ci manca il coraggio e la fiducia, siamo sopraffatti da un atteggiamento negativo - questo è ciò che ferma tutto sulla tua strada!

Lo scoppio iniziale di entusiasmo inizia a svanire e ciò che sembra così meraviglioso diventa un pericolo, un dilemma e un problema. La mente prende il controllo e le domande superano i dubbi che sorgono dopo che l'intera idea o concetto vale la pena: si verifica un conflitto, la mente dice una cosa e l'intelletto e la nostra intuizione ci spingono a seguire il percorso verso 'successo'.

Anche prima dell'inizio del viaggio, la fine è imminente, perché siamo indecisi su quale sia la vera strada da percorrere. Il successo sta in ciò che ne fai, non in quello che "pensi" dovrebbe essere (non fantasticare sul successo).

Quindi, come possiamo iniziare?

Formula per il successo

Quello che pensi e come agisci è il fattore decisivo che ti aiuterà a scoprire l'obiettivo del successo. Questi due attributi sono importanti insieme a una serie di principi coerenti, che è necessario seguire. I pensieri ragionati sono un potente catalizzatore per iniziare qualsiasi reazione, e una volta che inizi, ti accorgerai presto che il coraggio è la semplice virtù necessaria affinché un essere umano attraversi il sentiero roccioso.

Gli ostacoli sono naturali e sono un mezzo per la fonte di acquisizione di ricchezza, come sono sicuro che sarete d'accordo. Persistenza, pazienza e perseveranza dovranno essere praticate religiosamente per raggiungere l'obiettivo e superare gli ostacoli. Naturalmente, detto questo, ora vorrei sottolineare le P che dovresti disapprovare.

Non rimandare, non far finta di sapere tutto, e infine non prolungare la tua "compagnia". Preparati a combattere gli ostacoli che potrebbero affrontarti, ma persegue il tuo obiettivo e lascia che la tua potenziale forza di volontà domini.

In ogni situazione di vita, è inequivocabilmente importante mantenere la testa in piano, nonostante tutti gli "alti e bassi" che probabilmente dovremo affrontare. Ricorda che la vita è di natura dualistica - la parte anteriore e posteriore della stessa medaglia per dirla semplicemente. Sono costretto ad aggiungere che sebbene sappiamo che il passato è la causa e il presente l'effetto, è evidente che nel tempo il presente stesso diventa la causa con riferimento al futuro.

C'è un significato molto profondo impigliato in questa sintassi e se può essere correlato al successo, allora si può dire che se viviamo in modo intelligente nell'autodisciplina scientifica, possiamo diventare gli architetti del nostro futuro.

I passaggi di base

Le seguenti linee guida ti aiuteranno a spianare la strada al massimo successo.

I passaggi sono molto semplici da implementare nella tua vita quotidiana.

1. Fai ciò che ami e in cosa sei bravo.

2. Preparati a imparare e ad essere positivo (motivazione ed entusiasmo).

3. Sii un individuo innovativo.

4. Preparati a investire non solo denaro, ma anche tempo, sforzi e risorse.

Ho citato denaro - questo non significa che devi investire una grande somma per diventare milionario o ricco.

5. Devi essere disciplinato nel fissare obiettivi e obiettivi. Ricorda che la persistenza è la chiave del successo.

6. Devi essere preparato a gestire il tuo tempo in modo efficace.

7. Man mano che evolvi, impara a restituire ciò che ami alla società. Io chiamo questa filantropia.

Devi avere una visione forte - quella in cui ti vedi avere raggiunto il successo. Grandi persone del passato e del presente fanno in modo di raggiungere questa ambita posizione, impiegando questi passaggi di base.

Tuttavia, nota che nel passaggio 2 ho deliberatamente usato la parola "impara", e anche questo per un'ottima ragione. La vita è la più grande insegnante, quindi devi essere disposto ad accettare le sfide continuamente (usando il potere della discriminazione) e come risultato devi imparare attraverso i suoi principi eterni la magnifica dottrina che ha rivelato nel tempo . Ciò significa che devi agire al momento giusto.

L'azione è incredibilmente importante e mette in evidenza il successo - entrambi sono sinonimo di onestà. L'azione ha successo, ma la serietà è l'ingrediente essenziale. Essere troppo seri può rovinare la tua attività, quindi il punto è divertirsi.

Qualsiasi disciplina richiederà organizzazione e ordine. Come ho detto nell'introduzione, dovresti essere pronto ad ascoltare la tua voce interiore il più possibile. Ciò significa che invece di dipendere troppo dalla tua famiglia, dai tuoi amici, ecc. (non che questo sia un male) inizia ad avere fiducia nelle tue capacità.

Solo e sforzati di imparare e avere successo. Spesso i fallimenti possono essere il risultato di casi in cui abbiamo smesso di esercitare le nostre opinioni o diventare troppo dipendenti da quelli degli altri.

Il successo non è un segreto che devi cercare o scavare per raggiungere la tua destinazione; è piuttosto la comprensione o il fattore di riconoscimento che sviluppi riguardo a ciò che vuoi veramente nella vita. Intuizione, coraggio, abilità, conoscenza, sfide e opportunità sono alcuni dei concetti che determinano i tratti delle persone che godono della ricchezza. Qualsiasi compito svolto con lo spirito giusto ti darà la vittoria. L'atteggiamento mentale è ciò che ti darà successo, ma l'atteggiamento negativo, la pigrizia e il lavoro involontario si tradurranno in un fallimento.

Non aspettare troppo a lungo in breve tempo, ma la tua attenzione dovrebbe essere positiva ed eseguire il tuo compito con assoluta perfezione, prestando particolare attenzione ai tuoi obiettivi a lungo termine. Ciò significa che si avvicinano al loro dovere con energia concentrata ed eseguono i loro piani con giustizia. Questa dovrebbe essere la tua filosofia di vita.

Per avviare una nuova attività, è fondamentale comprendere quanto segue, che devo dire è cruciale. Devi apprezzare il fatto che per avviare un'attività commerciale devi acquisire familiarità con il termine flusso di cassa. L'investimento sotto forma di capitale è un requisito, ma la cosa più importante è il concetto di redditività dell'azienda.

Passi per la ricchezza personale

Il processo decisionale è forse il passo più difficile da compiere nella tua ricerca per iniziare il viaggio verso la ricchezza. Il problema è che fino a quando non scavi in profondità in te stesso per sbloccare le tue qualità innate, è probabile che tu sia titubante e titubante. Questo non è male in quanto tale, ma il più delle volte questo "sentimento" potrebbe non permetterti di massimizzare il tuo pieno potenziale.

Non c'è segreto per sbloccare il tuo pieno potenziale: il "segreto" sta nella tua volontà di ascoltare la tua voce interiore. L'iniziativa di approfittare di una buona opportunità che ti viene presentata è quella di intraprendere il compito in modo metodico.

Sedersi in silenzio, calmare i sensi e i pensieri e meditare profondamente sull'argomento in questione. Non saltare subito in qualcosa solo perché l'idea sembra favorevole. La maggior parte delle cose sembrano molto "buone" nella fase iniziale, ma pensare, pianificare e il tempo è un prerequisito. Spesso è qualcosa dentro di te che ti dirà cosa fare. Il segreto non è necessariamente dall'esterno, ma può essere acquisito dall'interno.

Sforzarsi di fare del proprio meglio in ogni momento è il piccolo segreto che ti aiuterà ad accumulare ricchezza. L'immaginazione (cioè l'immaginazione costruttiva), che è il potere di visualizzare, è un fattore importante nel pensiero creativo - ma come puoi vedere, non sarà possibile farlo senza una forte volontà, e specialmente questa facoltà di visualizzazione. deve maturare nella ferma convinzione e convinzione.

1. Devi avere il desiderio di raggiungere il tuo obiettivo di fama - questa è la regola numero uno.

2. Essere preparati a gestire il denaro in modo efficiente rispetto a budget, spese, responsabilità e/o compiti.

3. Non spendere più del necessario e spendere meno di quanto guadagni.

4. I problemi personali, inclusa la dipendenza non solo dalle droghe, ecc., Possono essere rovinosi. Questo è qualcosa da affrontare dall'inizio.

5. Scopri i modi per investire e, soprattutto, inizia a risparmiare. Dovrai giocare in modo intelligente e avere le priorità assolutamente corrette.

In qualsiasi azienda, è probabile che tu debba affrontare un grande antagonismo, lontano da una situazione idealistica. Al di sopra delle aspettative, l'ottimismo e la tendenza a "desiderare" che le cose vadano come previsto, possono e spesso possono portare a fallimenti.

Pertanto, come accennato in precedenza, la pianificazione è molto importante per il tuo successo. Naturalmente, gli altri fattori da considerare sono anche il superlavoro e l'esaurimento. Nella speranza di guadagnare milioni, la probabilità è che diventerai un naufrago frustrato e diventerai uno scoraggiamento - questo non sarà di aiuto nel tuo progresso o nella ricerca della ricchezza.

Raggiungere il suo obiettivo

Quando persisti nel rifiutare di accettare il fallimento, sappi che l'oggetto che hai deciso di raggiungere si materializzerà attraverso la forza di volontà dinamica.

I pensieri possono essere strumenti incredibilmente potenti e se sei disposto a implementare questo dono divino, sei sicuro di raggiungere il tuo obiettivo. Se ti aggrappi a un certo pensiero con forza di volontà dinamica, assume una forma esterna tangibile.

Ora è il momento di cauterizzare le caratteristiche negative intrinseche sotto forma di abitudini, mancanza di forza di volontà, mancanza di fiducia, esitazione e atteggiamento sbagliato nei confronti della vita in generale. Hai in te il potere di ottenere tutto ciò che desideri, quel potere risiede nella volontà. La principale causa di fallimento nella vita è la mancanza di concentrazione: non accumulare idee, concetti e strategie in una sola volta nella speranza di avere successo. Inizia lentamente e sii coerente nel tuo schema di definizione degli obiettivi.

Focalizza la tua attenzione su una cosa alla volta e non lasciare che la **MENTE** vada in uno stato "sovraccarico". C'è un modo scientifico di usare la concentrazione e la parola magica è quella di mantenere la calma mentre fai tutti i tuoi compiti alla giusta velocità.

NON correre e creare caos, ma piuttosto focalizzare metodicamente e meticolosamente e focalizzare tutta la tua mente su ciò che intraprendi, e l'importante è mantenere la tua mente flessibile.

Una volta che sai di essere davvero sulla buona strada e sulla strada per raggiungere il tuo obiettivo, fai attenzione quando si tratta di gestione del tempo. Spesso è molto facile essere così coinvolti in un progetto che puoi lasciarti trasportare dalla raffinazione di qualunque cosa tu stia facendo.

Devi dare la priorità al tuo lavoro e soprattutto rispettare e onorare il valore del tempo - non perdere tempo e vita!

Le chiavi del successo

Come ho già accennato, l'ambiente svolge un ruolo molto importante, poiché è abbastanza inevitabile, in particolare il nostro ambiente interno.

Un individuo calmo e rilassato ha molte più probabilità di emergere vittorioso in una situazione difficile rispetto alla sua controparte - una persona i cui nervi sono frustrati ed irregolari. Il primo ha i suoi sensi pienamente identificati con l'ambiente in cui è situato.

Tuttavia, l'individuo irrequieto non capisce l'ambiente e di conseguenza si mette nei guai. Le parole chiave sono concentrazione, concentrazione e cura in tutto ciò che fai nella vita.

1. Sviluppare un obiettivo / obiettivo definito e ben definito.

2. Sviluppare un piano / programma intelligente e fattibile.

3. Abbi cura della tua salute. Senza salute non c'è vera ricchezza.

4. Devi conservare la tua energia.

5. Sii onesto nella tua vita (in parole, azioni, pensieri e azioni).

6. Attenersi alle virtù e adottare buoni principi.

7. Rifletti sulle personalità ideali e cerca la forza della loro filosofia.

8. Cerca la guida divina e sii sincero.

9. Sforzati di aiutare e servire gli altri con gratitudine.

10. Pensa sempre positivo e credi nel potere di Dio.

Il pensiero trasformativo è davvero la strada per il successo. Stabilire un piano per raggiungere il tuo obiettivo e deliberatamente rimuginare sul significato di questo piano e farlo accadere .

Da tempo immemorabile, grandi persone di ogni estrazione sociale sono emerse come veri vincitori e la ragione di ciò è addestrare la mente alla felicità. La disciplina etica è essenziale, in particolare l'autodisciplina.

Ogni individuo è unico. Ciò che è buono per la persona A potrebbe non essere adatto alla persona B. Tuttavia, è necessario sottolineare che tutti possono godere di immobilità, solitudine e silenzio e, a dire il vero, ogni individuo, indipendentemente dall'età, dalla casta , credo, colore, sesso, ha sperimentato ad un certo punto o altra pace.

Dopo aver scoperto attraverso prove ed errori, puoi determinare il modo preciso di comporre il tuo complesso mente-corpo e raggiungere così grandi altezze.

La meditazione potrebbe non essere efficace per tutti, ma ciò non significa che non improvvisi metodi come e quando necessario.

Sii sistematico e il tuo unico obiettivo dovrebbe essere quello di utilizzare metodi che ti portino successo e felicità.

Le nostre facoltà mentali determinano le nostre azioni ed è abbastanza ovvio che la mente deve essere domata e sottomessa. È necessaria una costante vigilanza e un continuo allenamento della mente aprirà la strada al successo finale.

Non cadere in preda ai dettami della tua mente!

Gli ideali ottimisti, eroici e nobili hanno un effetto potente ed edificante sul corpo. L'entusiasmo per l'auto-applicazione deliberata e ben orchestrata di buon umore e l'ottimismo assoluto è il percorso segreto verso la ricchezza per tutti i grandi uomini.

Il potere dei pensieri

Il capitolo precedente ha sottolineato l'importanza di coltivare un atteggiamento corretto e sviluppare la fede in ciò che si cerca di ottenere nella vita.

Niente nella vita è impossibile, a meno che tu non lo pensi. I pensieri sono notevoli "fasci" di energia e se ti attacchi a un certo pensiero con forza di volontà dinamica, non c'è motivo per cui questo pensiero non possa manifestarsi secondo il piano che hai creato.

Prima ho parlato brevemente di come una persona interessata all'arte può aumentare le proprie capacità per eccellere nella vita. Ora userò lo stesso esempio per illustrare il potere del pensiero. Un artista sviluppa un'idea per creare un dipinto o un disegno di uno splendido paesaggio.

Il processo di pensiero avvia una serie di idee e l'artista successivamente le utilizza per produrre l'opera scheletro, consentendogli di completare l'opera d'arte finale secondo il piano mentale inizialmente creato. Un semplice processo di pensiero consente all'artista di creare il capolavoro!

Questa creazione è essa stessa un principio scientifico basato sulla Legge universale della creazione. È la fonte da cui tutto si manifesta. È in tutti noi e può certamente essere usato se si è disposti a provarlo. Il segreto non è in realtà un segreto, ma è un tesoro nascosto in ognuno di noi e abbiamo il diritto di usarlo nel modo più efficace.

Non è vero che quando vedi qualcuno così felice ed euforico, la tua mente si impiglia nella gioia e scopri che c'è un sorriso sul tuo viso?

I pensieri sono così strettamente intrecciati con la mente. Se i pensieri sono calmi, la mente è calma. In qualsiasi aspetto della vita, che si tratti di avviare un'attività, ottenere il primo lavoro o sposarsi, il rapporto tra mente e pensiero è molto importante.

Pertanto, sistematicamente, dobbiamo addestrare e disciplinare la mente per il pensiero corretto e l'attività diligente, e quindi avere una corretta comprensione di ciò che veramente vuoi nella vita e di come ciò si aggiungerà all'effettivo dinamismo nella tua ricerca e cosa Alla fine cerchi: la tua strada verso il successo e la ricchezza diventerà aggraziata, significativa e realizzabile!

Le persone con determinate qualità sono attratte quasi magneticamente e tali qualità sono chiamate qualità positive. Queste qualità sono presenti in tutti noi, ma non sono chiaramente invocate o comprese. Sappiamo cosa significano amore, gentilezza, coraggio e gioia, sono nobili virtù e le riconosciamo anche come qualità che ammiriamo negli altri.

Nonostante lo sappiamo, quando agiamo, agiamo compromettendo gli ideali. La ragione di ciò è che non siamo mai fedeli a noi stessi - agiamo costantemente e facciamo uno "spettacolo" per compiacere tutti coloro che ci circondano, tranne noi stessi! È doloroso, demoralizzante e abbastanza angosciante non essere il tuo vero io.

Puoi esclamare incredulo e sederti, cosa c'entra questo con la ricchezza e la prosperità? Riconosco la tua preoccupazione, ma ti chiedo umilmente di prenderti un momento o due e di riflettere profondamente su questo punto nel silenzio della notte. Vorrei che mettessi in pratica ciò che ho menzionato sopra essendo te stesso.

Nota i cambiamenti che si verificano nel tempo e quello che scoprirai veramente è che quando si può esprimere la fragranza delle loro innate qualità o caratteristiche positive (di chi sono realmente), allora non solo le persone ma tutte le cose che hanno sempre desiderato o desiderato verrà da te.

"Come il pensiero, così è la mente."

Per raggiungere i tuoi obiettivi e sogni, devi mettere in pratica ciò che il libro descrive.

L'inclinazione abituale dei nostri modelli di pensiero è in definitiva il fattore decisivo che determina le nostre capacità, talenti e caratteristiche personali. Sulla base di questa conoscenza critica e vitale, si presume che quei pochi fortunati siano nati con il talento speciale che ti manca e che desideri ardentemente avere.

Questo è in gran parte vero, ma bisogna dire che nessuno è nato milionario, punto! Le informazioni preziose risiedono nell'arte di coltivare il modello che porta al successo. Siamo ciò che pensiamo di essere.

È vero quando i Maestri dicono: "I tuoi pensieri creano l'ambiente".

- I pensieri sviluppano personalità
- I pensieri promuovono la salute
- I pensieri influenzano il corpo
- I pensieri possono cambiare e modellare il futuro (destino)
- I pensieri portano alla creazione
- I pensieri influenzano la fisiologia e la psicologia delle persone
- I pensieri possono portare al successo

- I pensieri possono persino curare il corpo

Guarda i tuoi pensieri costantemente. Le loro esperienze e l'ambiente hanno la loro "sede" nei pensieri.

Il tuo suggerimento e autosuggestione attraverso tecniche di meditazione e visualizzazione devono essere più forti dei tuoi pensieri e quando le tue azioni ti elevano, sappi di aver compreso l'arte di controllare i tuoi processi mentali.

Puoi ottenere qualsiasi cosa attraverso il potere del pensiero. La visualizzazione usa la tua immaginazione per permetterti di " immaginare " il tuo successo o raggiungere il tuo obiettivo serio.

I tuoi pensieri o vibrazioni mentali sono incredibilmente potenti, perché la mente ha una connessione tangibile con i tuoi pensieri e le tue azioni. I tuoi pensieri sono energie sottili e hanno una forte connessione con la nostra coscienza.

Pertanto, l'alimentazione costante di pensieri positivi attraverso la visualizzazione, lo yoga e la meditazione porterà armonia, felicità, salute e ricchezza!

Fattori che causano inerzia

La prima e più importante cosa è l'introspezione, e questo significa letteralmente fare un bilancio dei tuoi tratti e delle tue abitudini.

Spesso, la mancanza di autoanalisi è la causa della nostra breve caduta, ed è la mancanza di uno sforzo e un'attenzione definiti e indivisibili che ostacolano il progresso e il raggiungimento dell'obiettivo desiderato.

Introspezione, quindi, significa rivalutare il nostro "blocco" mentale e diagnosticare le carenze rimuovendo le tendenze negative sotto forma di abitudini, indecisione, paura, mancanza di fiducia, ecc., Che spesso chiamiamo fallimenti.

È tempo di rivitalizzare in modo che sradicando tutte queste negatività dalla tua vita, la vera felicità con lo zelo per progredire diventi prominente e saldamente radicata.

Il più grande nemico che ci impedisce di andare avanti nella vita oltre all'apatia, mancanza di fiducia e un complesso di inferiorità è la **PAURA**. La paura ci impedirà letteralmente di andare avanti - in realtà, non raggiungeremo nemmeno il nostro obiettivo di successo. Il modo migliore per combattere la paura è praticare esercizi di respirazione profonda e ogni notte affermare mentalmente che si è sotto la protezione della suprema personalità della divinità ed energizzare i propri pensieri con sentimenti positivi.

Sradica consapevolmente i semi della paura dall'interno mediante la concentrazione forzata sul coraggio e sposta la tua coscienza a un livello che ti permetta di apprezzare appieno che sei al di là di qualsiasi tipo o tipo di dolore. La paura viene dal cuore, quindi riempi il tuo cuore di **AMORE**, e quando ti senti agitato rilassati, calmati e respira ritmicamente, rilassandoti ad ogni espirazione.

Naturalmente c'è un altro problema, che penso sia la principale causa di frustrazione e che successivamente diminuisce la nostra capacità di eccellere nella vita. È quello che chiamo "desideroso di risultati senza la volontà di fare lo sforzo". Personalmente ho fallito a causa di una visione così negativa e sono il primo ad ammetterlo apertamente.

Ora è qui che diventa chiaro quello che ho detto prima. Fallimento, dolore, malattia e insufficienze sono eventualità naturali in caso di violazione della Legge della natura.

La trasgressione e la violazione dell'eterna legge della natura portano sofferenza. Come esseri umani abbiamo la capacità di modellare, correggere e cambiare le nostre vite, obiettivi e destino.

Il più grande impedimento che incontrerai nella tua vita è il tuo ambiente immediato. Se c'è una cosa che dovrai cambiare - potresti aver notato che ho iniziato questo libro con un suono un po 'cinico e un po' troppo cauto, figuriamoci un po 'negativo - il motivo principale di ciò ora diventerà evidente.

L'ambiente che ho appena citato può essere definito in due, vale a dire l'interno e l'esterno. Sono questi due campi dell'ambiente che devi conoscere.

Tutte le tue esperienze provengono dalle tue cose mentali - o dall'ambiente interno (pensieri). Ciò che percepisci attraverso tutti i tuoi sensi dall'esterno modellerà anche il tuo futuro.

Pertanto, il punto importante qui è monitorare i tuoi pensieri. Il mio consiglio è di stare attenti al tuo ambiente interno piuttosto che al tuo ambiente esterno. Ad esempio, potresti esserti imbattuto in una grande opportunità di lavoro a casa che è potenzialmente eccellente e giusta per te sotto ogni aspetto.

Sei felice e disposto a provarlo ... ma a posteriori, qualcosa su questo business ti sta impedendo di andare avanti con esso. Ci possono essere diverse ragioni per questo, ma sono molto curioso di conoscerne il motivo principale. Siate certi che non può essere il denaro (perché rientra nel vostro budget), né può essere un clamore (perché apparentemente ha funzionato per migliaia di persone con testimonianze da confermare).

Quindi cosa mi chiedo? Pensa a questo punto e giungerai sicuramente a una conclusione favorevole....e sorprendentemente lo è, le cose della mente - l'autore.

Per avere successo nella vita dovrai iniziare correggendo i tuoi schemi di pensiero, perché è la compagnia dei tuoi pensieri e l'affinità che hai con loro a determinare il tuo destino.

"I pensieri sono espressi attraverso il corpo fisico."

Il fattore di rischio

Senza deviare dall'argomento, vorrei ricordare ciò che ho menzionato nelle prime fasi del libro sulla natura dualistica della vita.

Perché alcune persone sono così fortunate e altre sono lasciate indietro nella lotta per il successo?

Ciò non è vero, come tutti sappiamo, tuttavia, ciò che rende una persona più ricca dell'altra dipende in gran parte dalla scelta o decisione presa, insieme al rischio o ai rischi riconosciuti attraverso una maggiore comprensione del potere di discriminazione e capacità di pesare ed equilibrare le scale della tua facoltà intuitiva.

Ora il rischio che correte deve essere basato sulla comprensione che la società che avete deciso di perseguire è stata accuratamente investigata. Ti imbarchi in una prova di guida, ad esempio, solo quando ti senti abbastanza competente da superarla e non altrimenti.

Pertanto, il rischio che si assume a questo proposito deve essere quello che io chiamo un rischio informato. In altre parole, è uno che si ha fiducia in ciò che si sta entrando, e questo si basa anche sulla fonte di informazioni che è stata ben cercata.

Il fatto che stai leggendo questo rapporto è di capire come raggiungere il successo finanziario, quindi questo rapporto è in qualche modo il tuo strumento di ricerca che ti permetterà di implementare le tecniche e i suggerimenti delineati per raggiungere l'obiettivo. Pertanto, le misure adottate provengono direttamente da una fonte che può essere considerata autentica, preziosa e autentica.

Una volta che sei sicuro di fare il test di guida con la guida dell'istruttore di guida, decidi di fare il test di guida: questo è il modo perfetto per garantire il successo. Voglio correggere una domanda che è già stata sollevata sopra e che ha a che fare con l'apprendimento.

Devi essere disposto a imparare costantemente, perché per ottenere qualsiasi abilità, conoscenza e potere, devi essere preparato per **IMPARARE**.

L'impegno è la forza vitale a cui devi abituarti fin dall'inizio. Ricorda che ci sono alcune situazioni in cui potresti non avere il controllo diretto per provocare cambiamenti prevedibili, che possono causare molto mal di testa.

Tuttavia, questo non deve essere il caso perché ciò che conta davvero è il meccanismo o il modo in cui la situazione è controllata e, in definitiva, il modo in cui reagisci ad essa.

Il problema con noi è che tendiamo a vivere nel passato e nel futuro allo stesso tempo. Quando la nostra facoltà mentale è sovraccarica, ci scoraggiamo.

Il peso è troppo pesante per la mente, quindi dobbiamo trattenerlo. Quando abbiamo troppo da fare in qualsiasi momento, dobbiamo immediatamente interrompere le nostre attività. Il tempo passa a un ritmo regolare, non può mancare ventiquattro ore in sessanta secondi, né può essere eseguito in un'ora, cosa che può essere eseguita in modo più efficace in ventiquattro ore. Vivi per ora e il "futuro" si prenderà cura di se stesso.

Non essere avido e soprattutto non bruciarti per "**voler**" diventare milionario!

Le cose sono cambiate, sempre più persone stanno tornando a un semplice stile di vita tornando alle origini - senza tanti lussi e meno preoccupazioni.

Il concetto dualistico di natura prevale ovunque: non puoi prosperare se gli assegni sono scritti senza fondi credibili o credito (deposito) nel tuo conto bancario, prima o poi rimarrai senza soldi.

Senza la pace della mente, il probabile cappuccio di rimanere senza "vapore", felicità, calma e forza, diventerai sfinito mentalmente, emotivamente, spiritualmente e fisicamente. Che peccato che tutto sarà stato per raggiungere un punto di totale desolazione!

È allora che devi dimorare nel potere interiore e affermare mentalmente il tuo scopo nella vita; Potresti voler passare qualche piacevole esperienza in modo da dimenticare completamente le tue preoccupazioni. Il punto non è prendere nulla di troppo sul serio, goderti ciò che hai ed essere felice con ciò che ti corrisponde.

Cosa evitare

È naturale che quando si verifica l'imprevisto, abbiamo molte più probabilità di reagire negativamente. Tuttavia, questo non deve essere il caso, il libro rivela i modi per raggiungere il tuo obiettivo in modo armonioso e diligente.

Di seguito sono riportati alcuni suggerimenti che saranno di grande aiuto:

1. Quando le cose vanno male, non reagire in modo eccessivo. Pensa positivamente e con calma.

2. Non giudicare troppo, né criticare troppo.

3. Cerca di non ignorare una brutta situazione, fai attenzione con la zona di comfort.

4. La saggezza e la sola forza possono aiutarti a superare molti dei problemi imminenti della vita.

5. Problemi faccia a faccia.

6. Evitare avidità e vanità di qualsiasi tipo.

C'è un'etica negli affari e un uomo d'affari deve praticare questa etica. Coloro che sono rigorosamente onesti e sinceri prospereranno negli affari. Consideriamo ancora una volta l'arte come esempio per evidenziare ciò che è stato discusso finora. Come tutti sappiamo, abbiamo poteri innati: in ognuno di noi si trova il deposito di energia latente che esplode per essere "risvegliato".

Supponiamo di avere un potere creativo e di essere un artista, ad esempio, puoi praticamente dipingere e disegnare qualsiasi soggetto o tema.

È giusto, è ovvio che hai un talento notevole, dal momento che non tutti gli artisti hanno questa capacità. Dato che ne sei consapevole, puoi presumere che, poiché la tua opera d'arte è buona, ha un buon potenziale per essere venduta. È vero, ma consideriamo tutti i fattori che devono essere presi in considerazione passo dopo passo.

1. Puoi essere un ottimo artista, ma se il tuo lavoro non viene notato e apprezzato, non ha alcun reale beneficio. Pertanto, è importante che il tuo lavoro venga notato (attraverso la massima esposizione) e il modo per farlo è quello di stabilire il tuo nome.

Ciò richiede di contattare le fonti appropriate e avvicinare gli artisti che hanno attraversato la "stessa" curva di apprendimento per raggiungere la via della prosperità. La concorrenza che può esistere nel campo prescelto deve essere presa in considerazione. Devi preparare una buona base - questo può essere fatto usando le informazioni contenute nelle pagine di questo libro.

2. Le tue opere d'arte possono essere eccezionalmente belle, ma senza comprendere le dinamiche del mercato le tue opere d'arte potrebbero non prosperare.

3. Dal tuo punto di vista personale, il tuo lavoro può sembrare avere un grande potenziale. Tuttavia, è importante apprezzare le opinioni del grande pubblico, cioè dei tuoi potenziali acquirenti.

Non entrare nella routine che la maggior parte fa, "ascoltare ciò che vogliamo ascoltare" è un tipo di precondizione che può portare indicibili sofferenze.

4. È necessario cercare in altre aree per sviluppare il proprio potenziale. Espandi la categoria / il tema del tema, utilizzando diversi tipi di media (ad es. Acrilici, dipinti ad olio, tecnica mista ecc.), Decidendo come promuovere il tuo lavoro, potresti persino voler vendere originali o riprodurre stampe... Le possibilità sono infinite, la domanda è quanto sei determinato nella tua ricerca del successo.

La psicologia del successo dipende da molti fattori, ma quello che ritengo più vitale è la fiducia in se stessi. Molte persone non raggiungono mai la prima fase del successo perché mancano di questa caratteristica essenziale.

Tale condizionamento spesso deriva dalle tue esperienze personali, ma il fattore causale è l'ambiente, che è già stato discusso. Anche se è bene essere cauti su qualsiasi cosa tu faccia nella vita, è altrettanto essenziale non rimanere impigliato nei tecnicismi del "processo", ma concentrarti sui benefici e sulla ricompensa finale che produce.

Dedica il tuo obiettivo al successo implementando le cinque parole cardinali che iniziano con la lettera D al tuo successo, vale a dire Devozione, Discriminazione, Disciplina, Determinazione e Dovere.

Non c'è nulla di sbagliato nel porre domande sulle proposte che ti vengono presentate o anche sulle opportunità commerciali che intendi cercare. Finché queste domande forniscono tutte le risposte e decidete di andare avanti considerando tutti i fattori, allora tutto va bene.

Tuttavia, quando le tue domande vanificano lo scopo stesso della tua indagine, allora diventa un "circolo vizioso".

Perché, cosa, dove, quando, chi sono le parole che usiamo spesso per scoprire informazioni su tutto nella vita, compresi gli affari, che portano a domande.

Chiedere perché è necessario ci aiuterà a trarre una conclusione perfetta e ci aiuterà a superare i dubbi. Il problema è che se non si è chiari sui propri obiettivi, allora la vera domanda per la quale si desidera procedere con l'impresa è inutile.

Ciò che devi considerare sono i probabili obiettivi a lungo termine, i benefici e come il tuo primo passo verso la ricchezza e il successo ti consentirà di godere di maggiori altezze.

Gli inevitabili errori

Come esseri umani siamo molto irrequieti - spesso siamo sopraffatti dalla gioia, dal successo o dalla gratificazione. È molto importante rimanere calmi durante tali eventi, perché l'emozione può portare a problemi, di cui si sta spendendo troppo.

Detto questo, è anche molto importante rendersi conto che il successo può semplicemente "colpirti", nel senso che puoi diventare compiacente e "decidere" di non fare molto, perché "hai tutto".

Questa è una fase terribile in cui potresti eventualmente entrare e di cui devi essere consapevole in ogni momento. Tuttavia, l'unica cosa a cui prestare attenzione è il complesso dell'Io: non permettere al tuo Io di diventare un impedimento nei tuoi sforzi per raggiungere la ricchezza.

La migliore medicina per evitare l'ego è conservare l'energia. L'energia che è stata generata e conservata, se non indirizzata ai canali appropriati, sarà catastrofica.

Dobbiamo controllare i nostri impulsi, ed è qui che l'arte di praticare l'equilibrio nella vita diventa uno strumento essenziale per il tuo successo. Parlare senza fare nulla è un fattore unico che può distruggere il tuo desiderio di avere successo.

Ricorda, le persone intorno a te e la compagnia che hai determineranno il tuo successo futuro: potresti perdere tempo prezioso, ma le persone intorno a te lo peggioreranno ulteriormente, contribuendo alla perdita totale del tuo tempo.

Pertanto, come dice il proverbio, "il simile attira il simile" dovrebbe essere la massima, e soprattutto usare sempre il buon senso, e fare solo ciò che produce risultati positivi.

Essere sistematici aiuterà anche ad evitare confusione e inconvenienti, che possono avere un effetto negativo sulla tua attività e sui tuoi obiettivi. Non accettare lavori che potrebbero ritardarti.

Cerca di valutare la situazione, dando grande importanza alle priorità: non lasciare le cose per un'altra volta, non perdere tempo e, soprattutto, non perdere la tua preziosa energia. Se agisci con attenzione, il tempo sarà gestito nel modo più efficiente.

Se le parole, le azioni, i pensieri e le azioni sono buone, allora la vita sarà buona e ogni momento porterà successo, e il "tempo" necessario per raggiungere l'obiettivo desiderato sarà ... beh, la tua ipotesi è così buono come il mio.

"La mente è la causa della schiavitù e della libertà".

La legge del successo

Semplicemente comprendendo i principi comuni, di cui alcuni sono già stati discussi sopra, si può raggiungere il successo.

Uno sforzo consapevole deve essere fatto per fornire buone esperienze per la mente. La natura ha fornito all'uomo tutto in grande abbondanza - purtroppo gli esseri umani non hanno realizzato questo fatto.

Devi decidere di avere successo. Come puoi farlo efficacemente?

Come può essere sviluppata la volontà? Il successo arriva senza dubbio con pianificazione, determinazione e fede. Per determinare questo fatto, ti suggerisco di provare quanto segue: Scegli un obiettivo che pensi di non poter raggiungere, quindi prova con tutte le tue energie e la tua forza a fare quella cosa.

Questo potrebbe essere qualsiasi cosa, dal disegno di un ritratto alla padronanza dell'uso del computer. Quando hai raggiunto il successo, vai su qualcosa di più grande e continua a sforzarti di esercitare la tua forza di volontà. Nonostante le battute d'arresto, non devi scrollarti di dosso, devi attingere forza dall'ambiente e, soprattutto, imparare da persone affini che hanno cercato il successo con coraggio e senza mai perdere la speranza.

Ricorda persone come Abraham Lincoln, Henry Ford, Madre Teresa e molti altri che hanno raggiunto l'ambita posizione, a causa del loro innato potere di fede e volontà dinamica. Ricorda, puoi anche ottenere lo stesso successo.

Questa legge può essere applicata da chiunque e funziona. È vero che i nostri pensieri e azioni modellano il nostro futuro e il nostro destino. Devi essere disposto a incanalare il tuo talento e le tue abilità innate nella giusta direzione, in modo da poter salire a nuove altezze.

Per ricapitolare ciò che è stato detto finora, lascia che ti ricordi ciò che serve per avere successo.

- La pianificazione è cruciale e forse il passo più importante per il tuo successo.

- Preparati a cambiare punti di vista, abitudini e schemi di pensiero.

- Perseguono solo compiti importanti. Devi dividere i tuoi bisogni con i tuoi desideri -

c'è una linea molto sottile, quindi esercita la discriminazione.

- Monitora la tua situazione finanziaria personale. Fare un buon budget e tagliare le spese.

- Circondati di persone con una personalità positiva e di coloro che hanno successo. Leggi libri su persone che hanno avuto successo nella vita.

- Non far finta di essere chi non sei. Sii te stesso e non vantarti.

- Espandi il tuo orizzonte e sii entusiasta e ambizioso.

- È bene aumentare le tue entrate, ma è anche meglio investire in attività che ti renderanno ricco.

- Preparati a lavorare sodo e fare sacrifici.

- Le azioni giuste ci arricchiscono, rafforzano e motivano, vitalizzando pienamente le nostre risorse interne.

- Coltivare tali valori e aderire ai giusti valori nella vita ci aiuterà a crescere e raggiungere il successo.

Un regime e un'esposizione così coerenti possono modellare il nostro carattere e aiutare a riscattare le nostre tendenze più basse.

È ora di imparare chi sei

Vorrei disapprovare chiunque abbia avuto un commento, dicendo che il successo è solo un desiderio.

Non siamo nati insuccessi - vorrei chiarire questo punto. Tutti abbiamo avuto successo nella nostra vita prima o poi, e questa è una **VERITÀ** innegabile.

I seguenti punti ti permetteranno sicuramente di capire chi sei veramente, e questa è una garanzia. Una volta che avrai capito i tuoi attributi, sarà molto più facile abbracciare gli ideali che ti permetteranno di saltare ad altezze maggiori.

1. Sei generalmente entusiasta e positivo o esattamente l'opposto?

2. Ti piace lavorare sodo e proveresti un po 'di più se facessi quello che ti piace di più?

3. Sei tutto ciò che puoi essere? Potresti voler analizzare i tuoi punti di forza e di debolezza.

4. Sei soddisfatto della tua situazione attuale e / o circostanze?

Rispondendo a queste tre domande molto importanti, puoi determinare il tuo futuro. Ricordati dell'importanza della disciplina e dell'organizzazione sopra menzionate.

Il prossimo punto che voglio evidenziare è la semplicità. Non creare inutili difficoltà nel modo di lavorare e nell'obiettivo del successo.

Per semplicità intendo, non complicare la situazione e non lasciarti andare alla testa il successo-l'atteggiamento pomposo è un altro problema che può farti cadere. Sii umile, fermo ed equo nei tuoi sforzi per avere successo.

Un individuo calmo può ottenere praticamente qualsiasi cosa semplicemente attraverso il potere della concentrazione: questa è una verità basata sulla scienza.

La ricerca ha dimostrato chiaramente che tecniche come lo yoga, la visualizzazione e il rilassamento possono portare una maggiore consapevolezza, permettendo così all'individuo di raggiungere il suo pieno potenziale.

Attraverso il potere di concentrazione e concentrazione, una persona può raggiungere ciò che ha desiderato.

La necessità di un cambiamento

Siamo tutti consapevoli che nulla rimane permanente nella vita, nonostante comprendiamo che la vita stessa è un continuum, ciò che non abbiamo realizzato è che i nostri atteggiamenti, condizionamenti e propensioni ci impediscono di incorporare i cambiamenti.

Una delle cose più difficili da cambiare è la nostra natura (pensieri indelebili), in particolare quelli che hanno lasciato un segno (traccia) sulla nostra psiche.

Potremmo essere in grado di cambiare molte cose intorno a noi, ma la necessità di cambiare i nostri pensieri, atteggiamenti e abitudini, che sono quasi certamente diventati parte della nostra identità, diventa un compito arduo e difficile.

Come per tutte le cose della vita, il tempo può curare qualsiasi cosa, concedendo il tempo per aiutarti a crescere nella vita senza perdere tempo a raggiungere i tuoi obiettivi individuali.

Come cambiamo il nostro atteggiamento mentale? La risposta è molto semplice: ancora una volta, non esiste un segreto in quanto tale, né è un compito arduo da svolgere. La risposta principale sta nella parola stessa. Avviare cambiamenti graduali nel tuo stile di vita ti aiuterà a raggiungere il tuo obiettivo molto più velocemente. Dico che la risposta è semplice per quanto riguarda come possiamo ottenere cambiamenti positivi, perché consideriamo, ad esempio, le abitudini.

Le abitudini richiedono tempo per attecchire, come tutti sappiamo. Proprio come 'impari' le tue abitudini nel tempo, inizi semplicemente a disimpararle. Le abitudini sono molto difficili da sradicare allo stesso tempo, e quindi il tempo è lasciato per prendersi cura delle tue abitudini. Cosa c'entra questo con l'essere felici e ricchi?

Bene, amici miei, vorrei restituirvi la stessa domanda. Chiediti perché non puoi progredire.

Metti in pratica ciò che hai raccolto finora. Siediti in un angolo tranquillo, apri il tuo cuore e risolvi questo problema: la risposta a tutti i tuoi problemi, buoni o cattivi, è dentro di te. L'accuratezza del problema varierà sicuramente, ma i motivi sono autoesplicativi.

Sono derivati da esperienze, ambiente e schemi di pensiero. Perché quella persona Y è in grado di smettere di fumare eppure la persona Z ha difficoltà a smettere, anche se entrambi hanno fumato per dieci anni ed entrambi fumano venti sigarette al giorno? La risposta è in quello che ho già discusso in precedenza, ed è il nostro **PENSIERO**.

L'unica cosa che dovrai cambiare nella tua vita è la tua attuale percezione di chi sei, cosa pensano gli altri di te e, infine, chi sei veramente?

Mentre puoi cambiare i tuoi pensieri, il tuo ambiente e le tue strategie aziendali, quello che dovrai realizzare è che non sarai in grado di cambiare la Legge della Natura stessa - è perfetta. Pertanto, dobbiamo rispettarlo e iniziare ad aderire alle sue dinamiche di governance, senza violarlo. In che modo la natura può influire sul nostro successo?

Questa è una domanda valida, ma dopo un'analisi approfondita capirai che noi come esseri umani infrangono costantemente le regole, le leggi e i processi eterni della vita su base giornaliera.

Senza allontanarti troppo dal soggetto, osserva attentamente e osserva come il bellissimo ritmo della natura fa il suo dovere ogni giorno senza alcuna discrepanza e interruzione.

Allo stesso modo, abbiamo molto da imparare dalla natura. La deviazione dalla verità porta a sgomento e fallimento, e infrangere le Leggi della Natura porterà disperazione - in breve, il macrocosmo e il microcosmo sono indifferenti.

Le decisioni che prenderai nella tua vita determineranno il risultato dei tuoi eventi futuri. Pensa sempre prima a cosa stai per fare o intendi fare e, nel prendere questa azione, come ti influenzerà.

Non agire d'impulso, ma piuttosto rimanere calmo, calmo e cercare di mantenere un silenzio profondo il più possibile. È semplicemente incredibile ciò che può essere realizzato attraverso il silenzio e l'introspezione.

Ti suggerisco di intraprendere una forma di esercizio di rilassamento, come la meditazione o addirittura lo yoga, per aiutarti a raggiungere la pace e il successo. Il buon senso è un indicatore perfetto della saggezza attraverso l'espressione del potere dell'intelletto attraverso la facoltà discriminatoria.

Se hai riconosciuto chiaramente la tua follia, allora devi ammettere errori e cattive abitudini. Se disturba gli altri o influenza la tua salute, la tua coscienza, il tuo stato finanziario, la tua famiglia, il tuo benessere e la tua tranquillità, allora dovresti chiederti: ``

Quanto starei meglio senza di lei? Se non ne trarrai beneficio, perché lo prendi o ci pensi?

Comprendi il fallimento

La ragione è il più grande nemico della fede.

Questo è un dato di fatto perché è molto probabile che sia il credente che il non credente si rivolgeranno a questa affermazione a sostegno dei rispettivi argomenti.

Hai già familiarizzato con la natura dualistica della vita e come tale la ragione umana troverà sia i "pro" che i "contro" rispettivamente per le buone e le cattive azioni.

È allora che devi imparare ad essere guidato dalla voce interiore della "coscienza". Quanto segue deriva da questo potere innato, intuizione, verità, pace, giustizia, amore, non violenza (in parole, azioni, azioni e pensieri) e il potere della discriminazione. Questi attributi hanno la loro esistenza nell'anima.

Questa è la più grande verità che non puoi permetterti di non sapere. Lo sforzo è proporzionale alla grazia, ma voglio aggiungere che il successo è proporzionale allo sforzo solo quando hai imparato ad apprezzare le qualità dell'amore.

Qualunque cosa tu faccia, metti tutti i tuoi sforzi e fai quello che fai con amore assoluto.

Coloro che sono disposti a correre dei rischi hanno successo. È noto che i giovani sono più adattabili al cambiamento. Con l'avanzare dell'età, diventa un po 'più difficile e difficile determinare il cambiamento e la capacità di adattarsi a una vasta gamma di zone di comfort. Prima che sia troppo tardi, elimina il problema da zero: non lasciarlo rosicchiare sul tuo sistema. Come un virus, agisci e rimuovilo immediatamente dal tuo sistema.

Il fatto è che siamo nati perfetti (non intendo questo nel senso fisico della parola), ma i rigori del tempo "adulterano" questa perfezione, e quindi le infinite possibilità che ci aspettano sono sfocate.

Tuttavia, ciò che ci rende superiori è che esiste un solo grande e ambito dono che è sempre nostro, e questo è il nostro straordinario potere di scoprire, sviluppare e dichiarare che noi, come esseri umani, abbiamo la capacità di raggiungere grandi, se non maggiori, altezze, giacere in noi è la fonte infinita di energia che è chiaramente nostra!

"Siamo vittime indifese dei nostri stessi desideri e bisogni".

L'obiettivo finale

Molte persone, come sono sicuro, accetteranno di fare tutto a metà, e le ragioni di ciò sono state coperte.

Non usano tutto il loro potenziale, principalmente perché non hanno capito il potere della mente.

Spesso siamo attratti o costretti a fare cose che ci fanno soffrire. I piaceri temporali portano tristezza e di conseguenza la maggior parte di noi, per paura o anche per mancanza di fiducia, è "costretta" a gettare la spugna bianca.

Questo non deve essere il caso, perché questo libro ti dà la possibilità di superare questi ostacoli, offrendo parole così potenti che puoi cambiare le tue circostanze. È giunto il momento di guardare attentamente le classifiche nella tua mente.

Dopo l'introspezione, ora è il momento di rimuovere lo sporco e, attraverso l'uso del potere della discriminazione, distinguere ciò che ti dà felicità duratura invece di tristezza.

La linea di fondo è che devi esercitare il controllo sui tuoi pensieri.

Quanto segue è incluso per guidarti nel tuo viaggio verso la ricchezza, la salute e la felicità.

- Evita di soffermarti su tutte le cose cattive che hai fatto.

- Ripetere ripetutamente azioni sbagliate diventa abitudini. Fai solo attenzione a non ripetere di nuovo queste azioni.

- Non pensare a te stesso come un fallimento. Usa il fallimento come mezzo per il successo - non mollare fino a raggiungere l'obiettivo desiderato.

- Dovrai cancellare i solchi delle cattive abitudini che hai creato creando buone abitudini. Se sei pigro, scegli di essere positivamente attivo e assertivo: stabilisci compiti o obiettivi e assicurati di raggiungerli.

Il fatto che resistiamo al cambiamento dimostra che abbiamo le nostre "zone di comfort" e questo è il risultato dei nostri pensieri. Perché resistiamo al cambiamento? La semplice risposta a questa domanda è la paura del cambiamento.

Un cambiamento significa che dobbiamo lasciar andare ciò che "sente" è "giusto" per noi.

La domanda che resta da porsi è: cosa è meglio per te? Questa è una domanda difficile, e la risposta è che fino a quando non siamo completamente soddisfatti di noi stessi, anche un milionario che vuole un milione in più è un mendicante. Quanti di noi sono felici?

Cerchiamo risultati immediati e quando non "vediamo" i risultati, ci scoraggiamo e ci arrendiamo. Sono convinto che quando desideri una cosa per le giuste ragioni, nulla ti impedirà di acquisirla - questa è la legge eterna.

Preparando la strada per il successo

Ho scritto questo libro con una sola intenzione in mente ed è per aiutarti a capire e infine aiutarti a realizzare il Potere della Mente.

Ciò che scoprirai presto è una serie di passaggi che devi seguire molto rigorosamente per determinare il tuo desiderio profondamente radicato. Questi passaggi non sono compiti monumentali, ma semplici linee guida per iniziare.

1. Credi in te stesso e nel potere delle affermazioni. Le persone di successo hanno successo attraverso l'uso costante della loro forza di volontà. Non aver paura delle battute d'arresto nelle fasi iniziali. Trasforma

i fallimenti in successo attraverso saggezza, forza e fede.

2. Credi nella filosofia della "vita semplice e del pensiero elevato".

3. Non tenere nulla contro nessuno. Sforzati di superare le tue lamentele passate e andare avanti. Cerca di perdonare "il dolore non aiuta mai".

4. L'onestà è la regola d'oro. Osserva il silenzio, medita e rimuovi tutte le tendenze negative dal tuo sistema (cioè gelosia, ego, odio, paura, ecc.). Attenersi ai seguenti principi: amore, verità, giustizia, pace e nonviolenza (non dovresti nemmeno ferire nessuno con le tue parole, azioni e pensieri).

Con assoluta determinazione, è importante che, per avere successo, ci si associ a persone che lo hanno già raggiunto.

Per apprezzare lo scopo di questo libro, è di vitale importanza esaminare i seguenti punti. Avrà più senso per te perché il successo o il fallimento dipendono da come ti definisci:

IMMAGINE: Migliore è la tua immagine personale, maggiori sono le tue possibilità di successo. L'immagine non significa necessariamente aspetto; ha anche un significato più profondo e connota la riflessione.

L'immagine che potresti avere di te stesso è più probabile che provenga da ciò che "pensi" di te stesso. L'ambiente interno di cui ho discusso in precedenza può svolgere un ruolo cruciale nel determinare il tuo obiettivo finale.

EMOZIONI: è ovvio che i nostri pensieri e sentimenti, che sono sottili, hanno una grande influenza sulla nostra vita. Il modo migliore per contrastare queste forze sottili è esercitare il silenzio durante gli esercizi di meditazione e rilassamento.

Si consiglia di fare una forma di esercizio per mantenere la mente positivamente attiva. Certo, il secondo vantaggio è la salute. Un corpo sano serve come un 'veicolo' perfetto per farlo bene.

Ogni individuo cerca la felicità nella vita. Ora la stessa felicità che cerchiamo diventa una gioia una volta trovata. Questa gioia può superare la "felicità" semplicemente sedendosi.

AMORE: Devi condividere l'amore in ciò che fai e devi amare ciò che ottieni quotidianamente nella tua vita. Nel silenzio della notte, introspetti e impara a migliorare la tua vita (in parole, azioni, pensieri e azioni) e ringrazia la suprema energia universale.

Insieme a quanto detto sopra, le buone capacità comunicative, l'interazione e le buone relazioni sono la strada da percorrere - questa è in definitiva l'essenza delle virtù e del carattere che ti farà avere successo.

Sviluppa una personalità armoniosa e ricorda ciò che è stato menzionato all'inizio, usa sempre parole amorevoli: le parole possono portare la pace o iniziare una guerra mondiale.

Condizionare la mente in modo efficace ti permetterà di raccogliere i frutti. È una buona pratica scansionare i tuoi pensieri quotidiani appena prima di andare a letto e scrivere questo nel tuo libro dei progressi.

Stabilisci obiettivi e obiettivi ogni giorno e lavoraci su fino a quando non li raggiungi.

Il tempo è il bene più prezioso della vita, usalo saggiamente: il tempo perso è la vita perduta. Quando decidi di avere successo nella tua vita, assicurati di non avere pensieri contrastanti. Se impari a controllare consapevolmente e quindi a implementare i poteri inesauribili dentro di te, puoi ottenere molto di più.

La lingua non è altro che l'espressione di pensieri ed esperienze. La comunicazione svolge un ruolo vitale nel successo complessivo, figuriamoci nella vita quotidiana. Attraverso il potere della conoscenza, puoi raggiungere obiettivi specifici, perché il segreto della nostra forza è nella nostra conoscenza. Quando hai un'idea praticabile, devi concentrarti su di essa al cento per cento.

Non dirlo al mondo: non è necessario un simile "spettacolo". Rifletti su di esso e rendilo un "prodotto" che ha solide basi. Senza una solida base, un edificio non ha alcuna possibilità di alzarsi in piedi.

La legge della prosperità

Non vi è alcun danno nel successo del desiderio e di tutte le altre cose buone nella vita, ma il riposo assicurato, il desiderio che porta alla persistente sensazione di mancanza o incompletezza può essere pericoloso.

Se per qualche motivo il desiderio porta a notti insonni e frustrazione - è tempo di **FERMARE** qualunque cosa tu stia facendo.

La contentezza è l'unico vero fattore per affermare la tua abbondanza. Un desiderio egoistico porta al fallimento totale!

La legge spirituale è molto potente.

Detto questo, dovresti cercare di seguire i seguenti principi ogni giorno nella tua vita.

Sii sempre buono con tutto ciò che ti circonda, non essere infido e ingannevole. Abbi cura dell'ego e sii sincero e sincero.

La considerazione è incredibilmente importante, quindi ricordati sempre delle persone sfortunate ed estendi la tua mano il più possibile a coloro che se lo meritano.

Allenare la tua mente per raggiungere grandi altezze non è un compito difficile. Nel tuo tempo libero, non sprecare la tua energia; Invece, trascorri del tempo a contemplare il potere del tuo essere innato.

Medita quotidianamente e visualizza il tuo successo e i tuoi obiettivi. Amici miei, il potere della mente è semplicemente fantastico, il fatto è che non lo usiamo nemmeno

Il 10 percento di esso nelle nostre vite quotidiane - ora basato su questa comprensione scientifica, immaginate cosa potreste ottenere se usate il restante 90 percento?

Proprio come assapori il cibo quando lo mastichi e lo assaggi, fai ogni atto con un senso di gratitudine e lo fai volontariamente e, soprattutto, con gioia.

NON seguire ciecamente ogni piccolo impulso, imparare a riflettere e distinguere tra ciò che è temporaneo e fugace e ciò che è duraturo, ciò che è essenziale e ciò che non lo è, tra ciò che è piacevole e ciò che non lo è.

L'auto-conquista ci darà ciò che stiamo cercando. Va sottolineato che l'equilibrio è anche un ingrediente essenziale nella tua ricerca di successo e ricchezza. Devi dedicare tempo a te stesso e alla tua famiglia o alla persona amata. La felicità permanente deve essere indipendente da un ambiente che cambia.

Non diventare un maniaco del lavoro o un "imprenditore ricco" nella tua ricerca del successo, per non danneggiare questo rapporto, per non parlare dei tuoi tentativi di avere davvero successo nella vita.

Non deviare dal sentiero della giustizia o dalla Legge della natura. È molto divertente assistere al successo e alla ricchezza e la gioia che scaturisce è fuori discussione. Tuttavia, se la felicità, la gioia e il successo arrivano tutti in una volta a spese della tua salute, allora temo che sia uno spreco terribile.

Il modo di essere ricchi è attraverso l'uso delle seguenti virtù, che è la nostra vera natura, e si trova non solo negli esseri umani, ma in tutto ciò che ti circonda: verità, giustizia, pace, amore e non violenza. Chiediti se tutti gli esseri umani applicano costantemente questi attributi: il mondo e i suoi abitanti prospererebbero.

Dobbiamo affrontare tutto il nostro lavoro (compresi i problemi) o i compiti con energia concentrata e quindi eseguirlo con assoluta perfezione. Sforzati di fare tutte le cose (piccolo o comunque piccolo un dovere o un lavoro) in modo straordinario. Fai tutto il tuo lavoro e il tuo dovere con **AMORE** ed entusiasmo e vedi i risultati. Non provare mai niente a metà; non progredirai nella vita.

il potere delle parole

Il potere delle parole può avere un impatto molto forte sulla nostra mente e sulla nostra vita.

Prima di continuare, vorrei che riflettessi sulla seguente domanda: qualcuno potrebbe rimanere in silenzio in ogni momento?

Non far sapere a nessuno cosa c'è dentro il tuo cuore e la tua mente per la semplice ragione di non essere espressivo verbalmente o emotivamente? Tuttavia, posso affermare con certezza che ognuno di noi è un parlatore silenzioso. Parliamo con noi stessi in molti modi e situazioni, a volte ci facciamo male e altre volte, parlare in silenzio porta un sorriso meraviglioso sui nostri volti!

Pertanto, la comunicazione è molto importante nella vita. Le parole sono potenti e, a seconda di come vengono pronunciate, possono influenzare i nostri processi di pensiero quotidiani, le azioni, i comportamenti e la nostra visione della vita nel suo insieme.

Naturalmente, a seconda di come vengono utilizzati, l'effetto che le parole possono avere è abbastanza incredibile, possono essere utilizzate per persuadere, informare, ferire, alleviare il dolore o persino iniziare una guerra! Le parole pronunciate con grandi emozioni hanno il potere di provocare cambiamenti che possono accelerare il processo di guarigione del corpo!

Questo enorme potere è nel significato delle parole, ciò che significano per la persona che le ascolta. Molto più che semplice comunicazione, verità, falsità e infinite sfumature tra loro, le parole hanno il potere di manipolare il pensiero e il comportamento delle altre persone.

È la nostra interpretazione delle parole che è la vera causa delle nostre reazioni emotive.

Le parole pronunciate dolcemente, disinteressatamente, innocentemente e con amore assoluto sono quelle che rimangono indelebilmente nel nostro essere da dove producono il loro travolgente effetto sull'anima. Pertanto, è molto importante usare le parole in modo selettivo e appropriato in qualsiasi momento e situazione.

La scienza moderna sta iniziando ad apprezzare il potente effetto che le parole possono avere sui nostri corpi se usate sotto forma di frasi o addirittura affermazioni. Lo sapevi che attraverso uno sforzo consapevole, possiamo creare una forza di volontà molto forte in noi stessi?

Affermazione per il successo:

Lo inseguirò incessantemente perché è il mio diritto di nascita avere successo. Sono potente e realizzerò ciò di cui ho bisogno quando ne ho bisogno. Sono destinato a raccogliere i frutti delle mie azioni e condividerò la mia gioia di successo con tutti quelli che conosco.

Vantaggi delle affermazioni

- Autostima e atteggiamento positivo
- Ti aiuta a raggiungere obiettivi e obiettivi
- Migliora la tua memoria e abilità
- Aiuta a creare l'autostima interiore (forza di volontà, fiducia e carattere)
- Può aiutarti a evolvere spiritualmente

Le parole pronunciate dolcemente e amorevolmente saranno attraenti e susciteranno immediata ammirazione. La ricchezza è essa stessa una parola e da sola non significa nulla.

L'unico fattore che dà ricchezza alla parola, il significato è l'intelletto. La ricchezza di informazioni non si trova da nessuna parte , ma è sempre dentro di noi. L'intelletto è coltivato attraverso la logica e il punto principale è che la logica e la filosofia secche possono spesso ritorcersi contro. Pertanto, è essenziale comunicare in modo efficace, perché nella ricerca della ricchezza, dovrai vendere la tua attività o la tua azienda attraverso la comunicazione (parole).

Tuttavia, la comunicazione da sola non corrisponderà al tuo successo.

Il potere dell'amore incondizionato

Mi sembra che le persone abbiano dimenticato il vero valore, significato e definizione della parola amore.

Puoi esclamare e dire ciò che l'amore ha a che fare con la ricchezza! È naturalmente difficile definire il vero amore, lascia che ti spieghi, diciamo che vuoi imparare a nuotare, leggi libri sull'arte di diventare un buon nuotatore, ma fino a quando non salti in piscina sotto la guida, il vero significato del nuoto non ha nessun valore o significato reale.

Devi assaggiare il frutto per conoscerne il vero sapore, come dice il proverbio.

L'amore egoistico radicato in desideri che non sono in alcun modo armoniosi è il più dannoso e se ti immergi nell'acquisire i tuoi obiettivi attraverso l'inganno, la calunnia e contro tutti i principi nobili ed etici, è meglio mantenere questo libro.

Coloro che comprendono l'amore vivono in armonia ed è naturale per queste persone attrarre ciò che hanno voluto ottenere.

Il più grande potere di attrazione in ogni senso della parola, sia esso una relazione, un affare o un'amicizia, è l'amore.

Come imprenditore in erba, ricorda che il potere seducente dell'amore è incredibile: devi praticare la compassione e guardare la tua attività crescere e prosperare.

Quando si raggiunge qualsiasi forma di successo nella vita, è pertinente che, qualunque cosa accada, non forzare il tuo successo a nessuno-evitare l'egoismo, l'orgoglio e non imporre il tuo potere a nessuno - è un errore farlo.

È fondamentale che arricchendoti non abusi del nuovo "potere" acquisito. Quando il potere viene usato correttamente, sappi di aver raggiunto la gloria.

Sentimenti finali

Questo libro è stato scritto con l'intenzione di permetterti di discernere gli innati poteri latenti che giacciono dormienti in ognuno di noi.

I cercatori di opportunità non possono davvero permettersi di "scegliere e scegliere", ma devono imparare a capitalizzare ogni piccola opportunità offerta loro.

Come ricercatore, approfitta delle opportunità che hanno il potenziale per diventare una porta indispensabile per il successo: Si tratta di assumere rischi calcolati, controllati, misurati e informati.

Le persone benestanti hanno creato la propria carriera perché credono veramente nel successo.

Queste sono persone che non possono fermarsi fino a quando non hanno successo. Diventano combattenti ribelli solo per raggiungere il loro obiettivo irremovibile: sono guerrieri disciplinati che brandiscono le loro armi di verità, onestà, sincerità, compassione, determinazione, potere, principio, giustizia, saggezza, fede, fiducia in se stessi, creatività, forza e abilità. per raggiungere le altezze per eccellenza.

La vita funziona rigorosamente secondo le leggi incorreggibili della natura. La ragione di ciò è stabilire l'efficienza e, nel regno della legge, l'intelletto razionale nell'uomo può essere sviluppato per una maggiore efficienza.

Sono già ricchi, tuttavia, a causa della mancanza di comprensione delle loro potenti qualità innate, questi attributi che giacciono in abbondanza non hanno trovato il dinamismo di esprimersi e manifestarsi.

Infine, non prendere la vita troppo sul serio. La vita è un viaggio reso possibile per tutti noi e se siamo disposti a darci l'opportunità di crescere, allora la vita può essere un'esperienza meravigliosa. È molto divertente, specialmente quando si seguono religiosamente i suoi principi di governo.

Sii felice in ogni momento, quando sorgono difficoltà, ridi di loro e usa la forza di volontà dinamica dentro di te per combatterle. Come menzionato altrove, il corpo e soprattutto la mente sono davvero uno strumento straordinario che abbiamo.

Lo stato di completa tranquillità è possibile e ci sono prove crescenti per stabilire la grandezza raggiunta dalla gente comune nel corso della storia - è tempo che tu usi i poteri della tua mente per raggiungere i tuoi desideri.

Visita la nostra pagina degli autori su Amazon! E ottenere più libri di MENTES LIBRES!

https://www.amazon.it/MENTES-LIBRES/e/B08274DDV4?ref_=dbs_p_ebk_r00_abau_000000

Se lo desiderate, potete lasciare il vostro commento su questo libro cliccando sul seguente link in modo che possiamo continuare a crescere! Grazie mille per il vostro acquisto!

https://www.amazon.it/dp/B089NZ6W1Y

www.ingramcontent.com/pod-product-compliance
Lightning Source LLC
Chambersburg PA
CBHW071416210526
45465CB00001B/416